AF475312

HENRI BARBUSSE

LE COUTEAU ENTRE LES DENTS

"Aux Intellectuels"

Prix 3 f.

ACQUISITION
87 08573

LE

COUTEAU ENTRE LES DENTS

Aux Intellectuels

Ouvrages d'Henri BARBUSSE

La Lueur dans l'Abîme	Éditions CLARTÉ.
Pleureuses, Poésies..	FLAMMARION, édit.
Les Suppliants (épuisé)	—
Nous Autres	—
Le Feu..	—
Clarté	—
Paroles d'un Combattant	—
L'Enfer	Albin MICHEL édit.
Quelques Coins du Cœur	Édit. du SABLIER.

HENRI BARBUSSE

LE COUTEAU ENTRE LES DENTS

AUX INTELLECTUELS

PARIS
Editions CLARTÉ
16, Rue Jacques-Callot, 16

1921

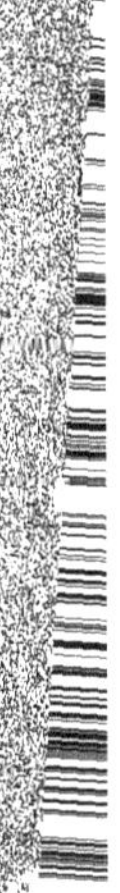

LE COUTEAU ENTRE LES DENTS

I

Nous avons souvent, mes camarades et moi, parlé aux intellectuels de leur devoir social. Je viens le faire aujourd'hui avec plus de ferveur encore que naguère. Au moment où nous nous trouvons de la mêlée des choses et des idées, il convient de parler de plus en plus clair, de plus en plus fort, et selon la vieille expression à laquelle l'intensité des événements donne toute sa vigueur originelle, nous devons chacun prendre nos responsabilités.

Les intellectuels — je parle de ceux qui pensent, et non des amuseurs et des charlatans, parasites et profiteurs de l'esprit — sont les traducteurs de l'idée dans le chaos de la vie. Qu'ils soient savants, philosophes, critiques ou poètes, leur métier éternel est de fixer et de mettre en ordre la vérité innombrable, par des formules, des lois, et des œuvres. Ils en dégagent les lignes, les directions; ils ont le don quasi divin d'appeler enfin les choses par leurs noms. Pour eux, la vérité s'avoue, s'ordonne et s'augmente, et la pensée organisée sort d'eux pour rectifier et diriger les croyances et les faits. Par cette utilité sublime, les ouvriers de la pensée sont toujours au commencement du drame interminable qu'est l'histoire des hommes.

Leur premier devoir est aujourd'hui de s'adonner tous à ce drame humain qui se précipite vers des dénouements nouveaux. L'honnêteté professionnelle leur commande de le comprendre dans toute la grandeur qu'il a prise, de s'élever tous au-dessus des considérations accessoires où tant d'esprits demeurent encore enlisés, pour discerner les hautes simplicités qui se dessinent, et, par là, continuer l'œuvre effective de la pensée. Certes, il n'est pas facile de lever la tête hors des contingences qui se pressent, de s'arracher à l'épèlement de l'immédiat. Une injonction supérieure nous crie néanmoins de le faire.

La question sociale qui n'est pas, nous le savons, toute la question humaine, mais qui est, parmi les problèmes de notre destinée, celui où nous pouvons intervenir efficacement, doit être désormais mise à sa véritable place : dans le domaine des choses positives, du réalisme, et y rester jusqu'à la fin. Cette affirmation est une victoire de l'esprit. C'est la première étape nette d'un progrès vivant. Elle déblaie tout, et trace une voie où l'on peut marcher.

Il fut un temps où les sciences physiques et naturelles étaient embarrassées de métaphysique et de religion. Ces confusions ont amené leur stagnation, leur stérilité ridicule et monstrueuse pendant des milliers d'années. L'investigation des sciences appliquées n'a commencé à accumuler régulièrement des résultats que lorsqu'elle a dégagé son but et l'a restreint à l'observation et à l'expérimentation méthodiques des faits positifs, en éliminant tout mysticisme et en plaçant la pathétique et vertigineuse poursuite des causes premières et de l'essence de l'être, sur un autre plan de recherches. Dès lors, elle est arrivée à discipliner, à domestiquer par la classification, le désordre apparent des phénomènes, à jalonner les lois, à thésauriser de définitives certitudes. « Savoir, c'est prévoir et pouvoir » a dit un de ceux qui ont les premiers discerné ce grandiose rapetissement de la méthode scientifique.

Il doit en être de même, désormais, pour la science sociale. En ces jours où les crises pénétrantes ont précisé les réalités, nous devons enfin rattacher les unes aux autres les formes de la connaissance, et délimiter sagement et solidement notre idéal.

Il ne s'agit pas d'une religion nouvelle. Il ne s'agit pas de paradis terrestre, ni de rien de magique ou de surnaturel. Il ne s'agit pas non plus de réaliser « le bonheur des hommes », non plus de faire éclore soudain ici-bas l'amour et la fraternité. Ces mots, pris dans leur sens intégral, s'appliquent à des forces idéales et sentimentales, à des entités qui dépassent le champ et les ressources de la science sociale. Ces choses profondes émanent de l'immense vie intérieure de chacun — et doivent y demeurer.

Beaucoup de nobles esprits mêlent obstinément le progrès social au progrès moral. Ils n'admettent de révolution temporelle que fleurissant sur une révolution spirituelle et sentimentale qui modifie foncièrement la nature humaine : « Pour changer les choses, disent-ils, il faut changer l'homme ».

Ce prestigieux agrandissement déplace le problème, et le jette dans le vague et l'impossible. Sans doute, si tous les hommes étaient bons, la société se trouverait par cela parfaite, mais rien ne permet de croire que la bonté puisse jamais se répandre au point de prendre naturellement la direction des choses. Les exemples puisés dans les annales des événements prouvent au contraire que l'homme est assez peu perfectible dans son essence individuelle, et que les prédications morales, sentimentales et esthétiques qui ont parfois soulevé des masses ne se sont pas fixées, ou bien se sont vite déformées à l'usage, au point de devenir contraires à elles-mêmes — faute de critérium stable, de bases positives.

Cette conception sentimentale, où s'acharnent — sans fraterniser — les moralistes nébuleux et les théoriciens libertaires, n'a, socialement, qu'une valeur momentanée d'opposition, de résistance au mal, qu'une influence destructive, utile, mais provisoire. Au seuil de la réalisation « à pied d'œuvre », la confusion dont elle est entachée la paralyse. Gardons un pieux espoir en l'embellissement futur de la nature humaine, mais en attendant, sachons constater ce qu'il y a de dérisoire à ne faire miroiter que cette seule solution paradisiaque aux yeux d'une humanité qui chaque jour souffre et se déchire plus profondément — et que la destinée qu'elle s'est forgée menace d'anéantissement.

Si elle souffre, si elle se déchire, si elle se tue, c'est qu'elle y est forcée par les lois. Nous

nous trouvons en présence de cataclysmes généraux, d'anomalies publiques, collectives, issues de lois qui sont collectives, puisque ce sont des lois. Nous nous trouvons en présence d'institutions temporelles. Il faut s'attaquer à ces institutions elles-mêmes, directement, scientifiquement, et non pas indirectement en mettant en question les arcanes de l'âme et du cœur. Il faut faire abstraction définitivement de ce qui est vraiment individuel dans l'individu, admettre en théorie et en pratique qu'il y a un abîme entre l'homme et le citoyen, et que la définition adéquate de la société c'est l'ensemble des citoyens et non l'ensemble des hommes. Le redressement des dispositions légales collectives est du ressort du bon sens, qui est collectif, puisque commun à tous. Telles sont donc les conditions de la lutte qu'il s'agit de comprendre et de pratiquer avec précision : rester dans le domaine positif et — employons le mot en son vrai sens — dans le domaine *superficiel*, de la destinée publique, soumettre au contrôle de la raison un ensemble universel de réglementations qui, si terribles qu'elles soient parfois, sont artificielles, créées par les hommes et modifiables par eux à leur gré ; concevoir l'ordonnance de la vie générale selon les nécessités méthodiques de l'intérêt général, qui se confond exactement en cette région de l'harmonie collective, avec la raison et la justice.

Le progrès social conçu dans cette clarté simple et mesurée apparaît comme possible, réalisable, et même s'il est encore éloigné, on peut dire qu'il est proche : il est de ce monde. Tout esprit sain peut s'en emparer d'avance, et il n'y a plus outrecuidance à employer le grand mot de vérité et à prétendre qu'on la détient, dès lors qu'on la dessine dans ces limites effectives et raisonnables. Et cela suffit à bouleverser de fond en comble l'ordre existant. Le « sait-on jamais ! », si honorable, si grave, lorsqu'il s'applique à l'énigme de Dieu ou aux rapports ensevelis du monde extérieur et du monde psychique, est ridicule devant les injonctions du bon sens comme devant les signes arrêtés de l'arithmétique et de l'algèbre. Cette humilité-là se trompe d'objet, et il y aurait lieu d'en rire si ce n'était pas une maladie épidémique.

Sans qu'il soit nécessaire que l'homme de pensée entre dans l'action par l'action, il doit au moins y entrer par la pensée. Les intellectuels doivent s'habituer à vaincre leur méfiance, leur peur de la vérité pratique, et mettre le réalisme là où il faut qu'il soit. Ce n'est que de la logique : une idée juste porte des conséquences réalistes, sinon, ce n'est, socialement, qu'un mensonge. La détourner de ces conséquences ou distinguer mal celles-ci, estimer que la tâche s'arrête en deçà, c'est commettre une faute contre la pensée elle-même.

La plupart des hommes, les intellectuels en tête, professent du mépris pour la « politique ». Il semble qu'il y a là, à leurs yeux, un ordre de choses d'une espèce particulière dont la vulgarité les offusque. Cette erreur, qui dans les conditions où se poursuit aujourd'hui la lutte inégale du bien et du mal, devient une mauvaise action, n'est qu'un signe de myopie aristocratique, ou bien un prétexte trop expliquable et peu excusable pour demeurer commodément réfugié dans les phrases et dans les nuages. Quant à généraliser à l'activité politique elle-même, les tares, les pièges, les petitesses, les défaillances de certaines politiques ou de certains politiciens, c'est un sophisme enfantin indigne de l'esprit. Si le monde vivant doit s'ordonner autrement ou s'il doit rester ce qu'il est, ce sera par des mesures politiques, et toutes les paroles ne changent rien à cette évidence. Faire de la politique, c'est passer du rêve aux choses, de l'abstrait au concret. La politique c'est le travail effectif de la pensée sociale, la politique, c'est la vie. Admettre une solution de continuité entre la théorie et la pratique, laisser à leurs seuls efforts, même avec une aimable neutralité, les réalisateurs, et dire « nous ne connaissons pas ces hommes-là », c'est abandonner la cause humaine.

II

L'ensemble des institutions sociales est absurde. Elles sont iniques, elles sont meurtrières, mais parce qu'elles sont, avant tout, absurdes. La loi qui régit les ensembles devrait être conforme aux aspirations, aux besoins de l'ensemble — ou tout au moins comporter un maximum d'adaptation à ces besoins. Or elle se présente partout, au contraire, comme un régime de coercition injustifiée exercé par une minorité sur la grande majorité des vivants. Les institutions ont toujours tendu et tendent toutes, sous des appellations et des modalités diverses, à assurer l'intérêt de quelques individus, au détriment de l'intérêt général. Les hommes sont conduits, utilisés et classés malgré eux-mêmes et contre eux-mêmes. Les hommes sont des instruments, des armes, ou simplement des chiffres, maniés par quelques potentats. Le dessin de la réglementation collective est une géométrie pleine de lacunes grossières, de fautes de calcul manifestes, qui ne s'ajuste pas à la droiture immuable des principes rationnels.

Il n'y a aucune raison, ni dans la vérité spirituelle et morale, ni dans la réalité, qui justifie la continuation de cette anomalie démesurée, il n'y a aucun motif valable pour qu'elle demeure la loi, car l'ensemble spolié pourrait rectifier l'injustice universelle, s'il en avait la volonté. Mais il la subit et continue à faire avec sa misère et son sang la gloire de ses rois et les affaires de ses financiers qui ont remplacé les rois dans la civilisation « démocratique » moderne. Les ruines et les massacres des masses ont résulté logiquement de cet état de choses qui s'est traduit non moins logiquement, depuis toujours, par la prospérité de l'oligarchie des parasites et des privilégiés.

C'est là un prolongement, une généralisation révoltante de la loi animale du plus fort.

Il est probable que la prééminence de la force physique a édifié la domination et la hiérarchie, et instauré la notion d'autorité, dans les toutes premières agglomérations d'hommes, comme dans le reste de l'échelle des êtres. Phénomène normal, pour ainsi dire organique et automotique, imposé par la loi de la nature. Mais lorsque les sociétés sont devenues plus complexes et plus centralisées, le privilège des maîtres a continué à s'exercer sans être étayé par les mêmes raisons sommaires et péremptoires. L'ordre des facteurs s'est renversé : c'est la force qui a obéi. La loi des maîtres, quoique n'étant plus en réalité celle du plus fort, a duré; elle a duré parce que c'était la loi, et elle a puisé dans cette situation de fait toute sa puissance artificielle. L'élan a duré par la force d'inertie, par la force — et la faiblesse — de l'habitude. La loi a dit : « Je veux ». Elle s'est installée, elle s'est transmise; elle est devenue le monopole et la propriété d'une famille, d'une dynastie, d'une caste

— dont l'usage, dont la croyance, ont ensuite consacré et éternisé l'usurpation. Le privilège est sorti de lui-même, s'est sanctifié parce que c'était le privilège. Il a imposé la superstition, puis le culte et la pratique de la tradition. Il s'est fabriqué l'immortalité. Il y a là un non-sens, une sorte d'escamotage, de piège, qui expliquent l'immense contradiction où se débattent, depuis, les destinées de l'humanité.

Le même illogisme, consolidé par les mêmes aberrations, se lit dans les conditions pratiques de la vie sociale. L'argent, la monnaie, était à l'origine un signe adéquat de quelque chose de positif : un travail, un effort réel. Il permettait au travail de chacun de se combiner avec le travail des autres : c'était un instrument d'intérêt public. A mesure que le perfectionnement de la vie collective entraînait la division du travail et la multiplication de l'échange, l'argent a perdu ses attaches avec l'effort créateur. Il est devenu une sorte de talisman, une force autonome qui s'aumente par elle-même, règne par elle-même, par suite d'opérations artificielles indépendantes de la production et qui, non seulement sont en marge de l'intérêt collectif — d'où l'argent tirait sa seule raison d'être — mais qui lui sont le plus souvent contraires, car l'argent-spéculation diminue la valeur de l'argent-travail et écrase la force productrice.

C'est là un exemple d'autocratie arbitraire et insensée, dans les choses.

III

L'étrange réseau de contraintes qui enserre la vie universelle, contre la raison, selon des raisons de fait inadmissibles en soi, et dont les conséquences sont manifestement néfastes à l'ensemble vivant; les mesures légales qui le consacrent; les légendes sur lesquelles il s'appuie, ont suscité, au cours des âges, les étonnements et les protestations de l'esprit.

A vrai dire, le talent et le génie littéraires, ces exceptions rayonnantes, ont été presque généralement asservis au pouvoir — ou aux préjugés, ce qui est la même chose. Un des caractères que Sainte-Beuve assigne avec raison aur apogées classiques, c'est d'être en accord avec les pouvoirs dirigeants. Les écrivains les plus admirés n'ont guère fait que sanctifier la mode. Les protestataires n'ont été qu'une exception dans l'exception. Les plus brillants poètes n'ont guère brillé par l'intelligence générale, ni par l'indépendance de caractère (et celle-ci ne signifie rien sans celle-là). Ils ont bien émis des plaintes harmonieuses et pathétiques sur la barbarie ou la folie ou la sottise des hommes : ces plaintes sont restées de vaines paroles, parce qu'elles s'attaquaient aux conséquences et non aux causes. Les causes gisent dans les institutions, et si l'on a permis aux écrivains, et s'ils se sont permis, de se donner libre carrière dans les sphères de la morale transcendante, ou bien dans le département des mœurs, ils n'ont pas su ou pas osé aborder les institutions, la zone des choses sérieuses et positives. Le vague écho de la douleur humaine que perpétuent les chefs-d'œuvre ne vaut pas plus que cette douleur elle-même pour arrêter les malheurs factices qui sortent fatalement de la machination sociale. La comédie qui flagelle l'abus social vaut par elle-même, mais elle ne tire pas à conséquence si elle ne montre pas d'où vient l'abus. Les écrivains, les artistes, les penseurs ont, dans leur révolte contre le mensonge social, commencé par la fin.

Ou bien, ils ont cherché un autre monde que celui-ci pour y installer leur croyance. Les « moralistes » se sont détournés des conditions de l'organisation temporelle, qui apparaissait aux Zénon, aux Epicure, comme aux Jésus-Christ, trop formidable et intangible; ils en ont détourné l'homme, pour le pousser en lui-même et lui faire trouver, dans la pratique de la sagesse, dans l'équilibre intérieur, dans l'espérance surnaturelle, la résignation à sa destinée terrestre.

Si, parfois, à la fin de l'histoire millénaire, quelques écrivains ont vu plus à nu et crié plus profond, si la Boétie a dit : « Nous sommes petits parce que nous sommes à genoux », si Pascal a flétri l'ineptie de la guerre, réglée par les caprices du « prince », si le rire de Rabelais et le sourire de La Fontaine ont secoué le parti pris fantaisiste et féroce de la justice, la malfaisance des grands, copieusement carrés dans l'humanité, si Swift et Voltaire ont dessiné de certains aspects de la société une caricature qui est un portrait, si des économistes ou sociologues ont critiqué le mal-fondé de quelques idées courantes, la contradiction de quelques préjugés admis, personne, pendant des siècles, n'a fait pénétrer son accusation jusqu'aux profondeurs où toutes les raisons tenaces de l'abus multiple s'enracinent à la fois. Il eût fallu faire table rase dans l'organisation établie, et édifier méthodiquement le plan d'un réseau logique de lois, comme pour la physique et la chimie. Tant qu'on n'a pas commencé par le commencement, rien n'a été fait.

Si de grands philosophes ont conçu des ensembles harmoniques et équilibrés, ces systèmes sont demeurés sans influence directe, relégués en des ouvrages peu assimilables et exprimés en une terminologie accessible seulement à quelques initiés.

Mais, la vérité est ineffaçable. Elle germe malgré tout et s'élève dès qu'elle a été même petitement énoncée; elle s'unit malgré tout à elle-même à travers le désordre. Dans cette confusion, si désespérément longue, des cris et des méditations, la vérité a fini par s'harmoniser; la netteté de l'évidence a brillé peu à peu; des ressemblances ont fait bloc; l'ensemble a commencé à s'assembler. Les premières révolutions étaient des sursauts de souffrance, d'exaspération, aveugles et sauvages, le mal pour le mal, des coups de talion éperdus. La pensée est venue ordonner et agrandir les autres.

Pourtant, la Révolution Française n'a pas été, elle non plus, jusqu'aux causes et, pour cela, elle a avorté. Elle n'a fait que rendre plus vagues des antagonismes fondamentaux; elle a effacé plus de mots que de choses. On n'a brisé que le haut de l'idole : elle n'a plus de tête, elle n'a plus son nom impérial et royal; elle reste implantée dans la vie. Informe, elle n'en est que pire — et tout a continué comme par le passé, sous des ruines théâtrales.

IV

Tel est le drame universel au bord duquel nous sommes poussés.

Il y a, dans le monde, deux forces qui luttent désespérément autour des institutions millénaires : celle qui veut les conserver, et celle qui veut les changer.

Notre règle de conduite doit sortir de la compréhension intégrale, sincère, du caractère que présente cette lutte au sein de la réalité présente. L'œuvre des ouvriers de l'esprit est nôtre. Que faire pour ne pas la trahir aujourd'hui ?

La force conservatrice est, à l'heure actuelle, la plus puissante, précisément parce qu'elle est la réalité. Sa formule est facile et poignante : maintenir. Elle se cramponne et se mêle, matériellement et moralement, à ce qui est acquis, planté, enraciné. Elle représente : les choses.

A l'encontre de ce qui est, les révolutionnaires proposent une organisation idéale. Ils opposent au mal l'image du bien. Ils opposent à la vie, l'espoir et la menace; ils se meuvent dans l'abstrait et dans l'avenir; et toute l'angoisse du drame humain est là : la pensée contre les choses.

Les conservateurs ont donc pour eux la réalité, le fardeau impérieux de « l'immédiat », la situation de fait. Ils ont pour eux la richesse, devenue, si l'on peut ainsi s'exprimer, l'instrument spécifique de la domination, par suite du développement des entreprises et de la technique, qui a donné à toute la civilisation contemporaine, une nature économique. « L'Ordre » est avant tout financier; la carte du monde est un schéma financier; la vraie structure de l'histoire est faite par les traités de commerce, la géographie véritable est dessinée par les barrières des tarifs. Comme c'est le pouvoir abusif et la répartition désordonnée et anarchique de la richesse qui est en question, la richesse —

maîtresse de la ruine et de la misère — se défend tout entière. Elle pèse encore de tout son poids décisif dans la balance déséquilibrée. Ils ont pour eux tout ce qui brille, tout ce qui s'achète et tout ce qui se corrompt.

Ils ont pour eux, puisque c'est le statu quo qui est en question, les pouvoirs dirigeants et les moyens de coercition : la caserne, l'armée, tous les pièges officiels dissimulés et machinés de la police qui fabrique les complots et les répressions, et de la diplomatie, qui endigue les peuples contre les peuples. Ils ont pour eux la légalité, parce qu'ils l'appliquent et parce qu'ils la font. Ils sont maîtres du travail, de la paix et de la guerre, de la vie et de la mort.

Ils ont pour eux les tribunaux. Le code de droit commun est court. Il est volontairement atrophié. Il n'atteint que quelques délits, que quelques crimes. Ceux qui ont une certaine dimension et une certaine généralité lui échappent, et il y a à cela une raison de conservation sociale. Le code est incertain dès qu'il s'agit des généralisations de la fraude et de l'accaparement, de la spéculation, du vol public, et quant aux grands crimes collectifs, non seulement la justice établie ne se hausse pas jusque-là, mais elle sert à les faciliter, en fournissant des sanctions contre les accusateurs de ces crimes « perturbateurs de l'ordre établi ». Cela ne doit pas surprendre : le code est l'œuvre des rois et de leurs remplaçants, il est fait pour leur règne. Les maîtres donnent aux mots les sens qu'ils veulent. Ils façonnent, non seulement la juridiction, mais l'idée même de justice : l'acquittement de Vilain, contraire à la justice, est conforme à la justice officielle.

L'iniquité de ce fantôme de code répressif dépasse toutes les bornes. Le paradoxal pouvoir du privilège aboutit à la culture méthodique de la criminalité. Des mauvais instincts dont l'attrait est trompeur, mais intense et direct : la haine, l'envie, la cupidité et le sadisme du meurtre, sont développés et exaltés, en attendant qu'ils se retournent contre eux-mêmes par la revanche inflexible du vrai. La sotte vanité nationale, qui se décerne complaisamment toutes les supériorités et provoque le besoin de les imposer, la bestialité de la force physique, tous moyens par lesquels se propage l'inavouable appétit des marchands et des banquiers, et aussi, l'économie vorace et sordide, la chasse aux sous, le désir féroce « d'arriver » à travers les autres et de leur arracher la situation convoitée — imitation en petit des conditions infernales de la vie des ensembles — deviennent patriotisme sacré, prédestination des races, sainte énergie, prévoyance, sagesse. Le consentement en bloc à cet état d'anarchie, qui change les hommes en brutes, et en même temps les encage, les mutile et les décime d'âge en âge, devient la conscience civique, ou le « robuste bon sens populaire ». C'est le couronnement logique du vice originel de la société : des divisions, des heurts et des déchirements entre les individus et entre les nations, sont doublement nécessaires pour perpétuer la domestication des foules, piétinantes, hypnotisées et acharnées contre elles-mêmes, et pour permettre, d'autre part, le jeu des affaires et la multiplication de l'argent entre les mains de ses rares détenteurs. La vraie paix intérieure et extérieure, avec toutes ses conséquences lumineuses et rectilignes, ce serait l'anéantissement des combinaisons d'où sort l'enflement des fortunes. Si la société bourgeoise n'était pas agitée par la pratique insatiabe — et contagieuse — de la lutte pour la vie, la justice la noierait comme un déluge. La concurrence agressive, en détail et en masse, est une plaie à entretenir.

Des écrivains, des poètes et même des théoriciens ont contribué honteusement à la propagation de ces énormes falsifications dont nous voyons les résultats autour de nous aujourd'hui, et dont peu d'hommes osent déjà prévoir les conséquences fatales. Mais cet avilissement de la plume et de la parole n'est qu'une résultante indirecte. La vraie cause, comme toujours, comme partout, c'est que cette déviation de la moralité et du bon sens est voulue par ceux qui peuvent tout ce qu'ils veulent.

Ils ont pour eux les moyens d'éducation, de formation des êtres : l'école, les universités, l'Eglise, la grande presse. Les journaux sont des affaires aux mains des hommes d'affaires qui ont besoin d'une situation mondiale trouble pour prospérer, et dont les dirigeants ont besoin. Tel directeur de grand journal avait raison de désigner son fauteuil directorial comme étant le vrai trône de Paris. Le journal italien l'*Avanti* est hostile à la politique du « Bloc National » : il est purement et simplement interdit en France.

L'esprit de l'enseignement fait avorter l'esprit de critique et de révolte. Les conditions de la vie empêchent les prolétaires d'acquérir une instruction générale, et l'ignorance met autour de chaque homme un mur plus sûr que celui d'une prison. Le sophisme d'Aristote : « L'esclave mérite d'être esclave parce qu'il est inculte », est imposé comme une vérité, en fait, et par la violence.

L'opinion, avec ses élans et ses répulsions, se manie et se façonne. Le conservatisme se conserve ainsi lui-même par la force directe et aussi en imprimant de force dans les esprits les légendes et les croyances qui lui conviennent. Il se vivifie d'une publicité intellectuelle et morale où les idées, les sentiments et les événements nourrissent bon gré mal gré des arguments conservateurs. Il crée les idoles et il crée leur prestige.

La participation de tous au pouvoir n'est dès lors qu'une apparence. Le suffrage universel est faussé, directement et indirectement, par la pression des pouvoirs existants, par la terreur, par la corruption de l'argent, et surtout, de plus haut et de plus loin, par la pesée tendancieuse de l'éducation officielle et de l'information régnante, et dans ces conditions — sans parler de son agencement bâtard qui s'ajuste mal à son but — les résultats du suffrage universel ne font que confirmer et renforcer ces déformations. La liberté du suffrage universel ? Le capitaine Sadoul est candidat, et parce qu'il a des chances d'être élu, la justice se précipite sur lui, et avec une hâte extra-légale, le condamne et le déclare déchu de ses droits civiques. La liberté du suffrage universel ? Nous pouvons voir le cas qu'on en ferait si elle se manifestait dans un sens opposé aux plans officiels : un journaliste qui passe à bon droit pour le serviteur des hommes au pouvoir écrivait hier encore dans l'*Eclair* que si les élections allemandes étaient favorables aux Communistes, le gouvernement n'aurait plus qu'à recourir à la force.

Tout les confirme et les renforce, ces déformations de l'esprit public et du public. Tout part toujours des mêmes mains et y retombe. Tout émane automatiquement des mêmes puissances parce qu'elles détiennent les sources de la vie et de la pensée collectives, c'est-à-dire de la puissance. Elles deviennent, en fait, intangibles. Elles entretiennent l'ignorance par la terreur et la terreur par l'ignorance. L'humanité est à la complète merci de ceux qui s'en servent pour leur intérêt particulier de gloire et d'argent, et son immense revendication est éternellement jugée et condamnée par ceux qui sont en même temps juges et parties. Ils donnent à leur vérité un cours forcé, ils la fabriquent comme la monnaie. Ils règnent parce qu'ils règnent. L'ordre social actuel est un cercle vicieux effrayant.

La force conservatrice a pour elle, en plus de l'ignorance entretenue qui lui assure l'appui, par multitudes innombrables, de ses victimes, la faiblesse même de l'esprit humain, qui répugne au changement, craint et hait d'instinct la nouveauté et les novateurs, et s'attache végétativement à ce qui est — et cela aussi elle l'a cultivé. Elle a consolidé intellectuelement et moralement l'esclavage perpétuel par la religion tenace de la tradition, le fétichisme de l'usage, le respect grossier et fantastique de l'autorité. Ils disent couramment aujourd'hui : « Ceux qui veulent modifier l'ordre établi n'ont pas le *sens des réalités.* » Cette consécration rituelle qu'ils imposent aux jeux factices de la mécanique légale, ils arrivent à en déformer toutes les vérités profondes : Ils réduisent l'être vivant à une formule embryonnaire de lui-même, arrêtée arbitrairement au cloisonnement national, mutilée et déracinée de l'humanité.

La force conservatrice a pour elle le poids des indifférents. Il faut fouiller impitoyablement cette plaie de l'indifférence. Il ne s'agit pas seulement du troupeau des « bons citoyens » neutres et serviles dont parlait déjà Tacite pour dire que « sans eux, rien n'irait ». Il s'agit aussi de tous ceux qui, par faiblesse intellectuelle ou par débilité morale, ou parce qu'ils se butent à quelque marotte, ne savent pas reconnaître les idées lorsqu'elles prennent pied dans la réalité et restent à l'écart, en proie à une bonne volonté informe. Il ne suffit pas d'avoir de la bonne volonté ; il ne suffit pas non plus de penser juste en théorie, il faut *continuer.* On ne saurait trop le répéter : il n'est pas question de choisir entre deux hypothèses qui se trouveraient sur le même plan de réalité et se présenteraient dans les mêmes conditions : mais d'un conflit qui met aux prises *dans le domaine des faits,* l'ordre qui existe, et l'ordre qui n'existe pas. Les uns ont double tâche à faire: détruire, puis reconstruire. Pour leurs ennemis, le but de guerre est : ne rien faire. Malgré toutes leurs bonnes intentions et leur bonne foi, les non agissants sont des conservateurs agissants. Vous vous étonnez que nous vous disions : « Ceux qui ne sont pas avec nous sont contre nous ». Vous avez tort de vous en étonner.

Les conservateurs ont avec eux les réformistes. Les réformistes sont ces éléments du bloc conservateur qui prétendent être des novateurs. Ils adhèrent théoriquement au plan social nouveau, mais ils croient que ce plan se réalisera quelque jour par le jeu des régimes conservateurs actuels. Ou bien, ce qui revient au même, ils se figurent que la progression de l'ordre actuel à l'ordre nouveau peut s'accomplir par étapes successives.

Ils se tiennent ainsi en apparence entre les uns et les autres. En apparence seulement, parce que leur idée du perfectionnement graduel au nom de laquelle ils s'abandonnent à l'ordre établi, est radicalement fausse. Il est clair que si dans un organisme où l'oligarchie dominante tient tous les moyens de domination, l'on introduit des mesures favorables à l'intérêt public, et, par conséquent contraires à ceux de cette oligarchie, ces mesures ne peuvent être qu'insignifiantes, ou qu'illusoires, ou que momentanées. Cette thèse moyenne qui séduit tous les esprits moyens, fait uniquement le jeu des conservateurs, qui l'acceptent du reste avec ardeur. Ils comprennent qu'il leur faut parfois « jeter du lest », et admettre des semblants de concessions ou des concessions infimes qui présentent pour eux plus d'avantages que d'inconvénients, parce que tout en demeurant fragiles et soumises à leur omnipotente révision, elles leur fournissent un argument de libéralisme et rendent plus durable l'ensemble du système régnant.

Supposons que poussés par d'impérieuses nécessités budgétaires et par le spectre de la banqueroute, les parlements réactionnaires fassent rendre gorge aux profiteurs de la guerre, confisquent leurs bénéfices immoraux. Il ne faudrait pas alors se hâter de crier au progrès : cette décision ferait peut-être plus de mal que de bien au vrai progrès en stabilisant financièrement et moralement le régime lui-même — d'où sortiront un jour une nouvelle guerre et de nouveaux profiteurs. De même, la « nationalisation » des chemins de fer réclamée par les organisations ouvrières inconscientes — et qui fait aussi l'objet d'un projet de loi officiel — est, sous le couvert d'une concession anodine, une consolidation du patronat industriel. De même, la Société des Nations n'est que le trust des nationalismes. Toutes ces parodies se valent. Comment peut-on imaginer qu'un progrès isolé puisse être viable au sein d'un régime compact à orientation conservatrice, au milieu de cette intégrale gravitation vers le *statu quo,* alors qu'en raison de la solidarité et de la cohésion de tous les divers intérêts humains, une vraie révolution nationale n'est actuellement pas viable par elle-même et ne peut être dans l'univers, que provisoire, est destinée ou à être vaincue ou à vaincre universellement ?

Au reste, les faits confirment de toutes parts ces considérations élémentaires. Voici un demi-siècle que la France est en république. Si la théorie réformiste avait quelque justesse, nous aurions assisté à une évolution constamment élargie de la démocratie vers la liberté; l'égalité et la justice se seraient rapprochées d'elle. Or, dans le chaos de nos affaires et de nos lois présentes se dégagent, au contraire, les signes d'une évolution rétrograde. La République Française a contribué comme les autres puissances à la guerre; ce qui est plus grave encore, elle a contribué ensuite au renforcement de l'esprit de guerre et de l'état de guerre dans le monde. Elle a aidé sur tous les points du Vieux Continent où elle a pu imposer son influence, le triomphe des principes réactionnaires et conservateurs. Elle travaille à la restauration des monarchies, ou n'admet, ce qui est pire, que des républiques semblables à des monarchies. Elle s'allie à toutes les terreurs blanches et use de toutes ses ressources contre l'affranchissement profond des peuples. Elle a donné son alliance, notre argent et nos soldats à Koltchak, à Denikine, à Wrangel, à Horthy, pirates galonnés, massacreurs, et canailles aristocratiques. La Chambre des Députés actuelle est dans toute l'acception du terme une assemblée de capitalistes. Les voix protestataires ont diminué de moitié depuis la dernière législature. Le gouvernement de la république cinquantenaire dissout la Confédération Générale du Travail, organise sous tous les prétextes et avec toutes ses meutes, la chasse aux socialistes, prétend codifier avec une rigueur qui nous ramène aux époques les plus sombres de « l'ancien » régime, l'assassinat de la pensée, renoue l'alliance rompue naguère avec l'Eglise qui est l'esprit de réaction systématisé et sanctifié, paye un lieutenant autant qu'un professeur de Faculté, idéalise Napoléon, soldat borné et déréglé, dont la grandeur fut contraire à celle de la France, et qui n'a fait que gaspiller des hommes, et magnifie une contrefaçon cléricale de Jeanne d'Arc. Dans l'organisme de la France sévit et prolifère plus que jamais le cancer du budget de la guerre, dont l'accroissement mathématique permet à ceux qui osent compter, de mesurer les jours de la vie nationale. Le réformisme n'est, en réalité, que l'organisation ingénieuse et pittoresque de la stagnation sociale. C'est la tragi-comédie de la réaction.

C'est à la source qu'il faut aller pour changer le cours des choses. Il n'y a qu'un moyen de faire régner l'ordre, c'est de l'imposer. Ce n'est que par la force et par la Révolution que s'éliminera l'absurdité de la loi collective machinée et militarisée contre les intéressés, le mensonge social qui, dans les conditions actuelles, sort invariablement de lui-même. L'intelligence humaine doit comprendre cela.

La violence... Il nous faut mettre au point sans défaillance de l'esprit et du cœur cette grande question de l'emploi de la violence, et trouver en nous la grandeur de la dominer. Disons-le avec une conviction qui ne doit plus se fausser, le cri démagogique : « Pas de violence sous aucune forme ! » est un sophisme auquel mène un peu de sensibilité, mais dont beaucoup de sensibilité détourne. Le bon sens à courte vue hésite devant l'alternative pathétique qu'impose la réalité contemporaine; le bon sens étendu et limpide n'hésite pas.

Une constatation doit tout effacer à l'heure présente; elle est indéniable, elle doit être intangible : Actuellement, comme il y a cent ans, comme il y a mille ans, la masse humaine est, sans arrêt et partout, volée et décimée. Il y a longtemps que la violence a été inventée, et depuis qu'elle a jailli de l'instinct dans les choses, elle n'a jamais cessé de sévir et de régner. Il ne s'agit pas seulement des guerres nationales — périodiques et invincibles — qui emplissent le passé, le présent et s'accumulent déjà dans l'avenir. Il s'agit aussi de la guerre civile incessante, du coup de force permanent qui sans borne courbe tous les prolétariats. Le désastre, l'hébêtement, l'écrasement des peuples, innocents et étrangers aux mobiles individuels des catastrophes conventionnelles, se perpétuent en deça comme au delà des frontières. Coupons court à ce mensonge prodigieux, mis en circulation par le cynisme des meneurs universels, et puis par l'ineptie publique : « Les révolutionnaires apportent dans la paix l'idée de guerre civile ». Le calme de la défaite n'est pas celui de la paix.

On dit aussi : « Ne nous servons pas des armes que nous maudissons lorsque d'autres s'en servent ». Mais cet état de choses, qui fait de la multitude des travailleurs et des pauvres, le bétail d'une minorité, et qui ébauche la fin du monde, devons-nous l'accepter, ou, ce qui revient au même, le déplorer dans des paroles et dans des écrits, sans rien faire pour l'empêcher de durer ? Si nous ne faisons rien pour l'empêcher, nous en sommes complices, nous collaborons à un crime incalculable, nous nous faisons expressément les serviteurs de la violence.

Si nous voulons l'empêcher, nous n'avons pas le choix de moyens. Puisque le jour est venu où nous devons avoir la sincérité, la dignité, d'abandonner les vieux talismans, tels que la prédication de la bonté ou le système des palliatifs, puisque la liberté ne peut ni agir ni même apparaître dans l'engrenage des forces dirigeantes et armées, puisque tout se tient dans le mécanisme social, puisque la seule méthode salutaire est dans l'application d'un règlement général faisant disparaître les causes de l'exploitation et du massacre, c'est-à-dire l'inégalité — la raison est, comme toujours, d'accord avec le sentiment et la moralité, pour commander d'appliquer cette grande loi nouvelle.

Mais comment l'appliquer ? Dès qu'ils n'ont plus affaire à des discoureurs et à des rêveurs inoffensifs, mais à des logiciens qui envisagent logiquement la réalisation des idées, les instigateurs et les profiteurs de l'exploitation et du massacre, dressent contre eux toutes leurs forces. « *Entre eux et nous c'est une question de force* », a déclaré M. Clemenceau. Ce que le vieux politicien a dit là, parce qu'il se croyait le plus fort, est exact. Alors, il faut ou bien employer les mêmes armes qu'eux et se saisir violemment de la violence pour l'éliminer, ou bien nous croiser les bras, prendre la responsabilité tragique de nous taire, et apporter à la spoliation endémique l'écrasant renfort de notre passivité. Cette conception rudimentaire de la mansuétude donne, en apparence, un beau rôle à qui s'en pare, mais elle est, en réalité, criminelle. Se permettre de comparer la violence des justiciers à celle des malfaiteurs, c'est faire un rapprochement superficiel et vide, un jeu de mots. Y conformer son attitude, c'est commettre un attentat caché.

Qui veut la fin veut les moyens : axiome de bon sens grand comme toute la raison et toute la vérité. Il faut l'appliquer aujourd'hui à toutes les choses à la fois. Il faut proclamer nettement : nous ne voulons pas de progrès social — et que ceux qui l'osent le proclament — ou bien il faut accepter la violence, qui est le seul moyen de couper court au cercle vicieux des forces établies, contre lesquelles se sont heurtés, émiettés et dispersés jusqu'ici, les efforts des protestataires.

Nous avons dit que la violence n'était pour les éternels violentés qu'une arme défensive. Oui, car c'est justice de mettre l'agression du côté des oppresseurs séculaires. Mais, la violence est mieux qu'une arme, c'est le seul instrument qui puisse construire la justice. Ce n'est pas une arme, c'est un outil. Forces idéales contre forces concrètes. Comment l'idéal deviendra-t-il concret si on ne l'introduit pas dans les choses ? — et s'il doit rester l'idéal, il est vaincu. Dire nous appelons la justice mais nous repoussons la violence, c'est dire à la fois oui et non ; c'est jouer un double rôle. La raison crie vers la force réalisatrice. Elle doit crier par nous. Nous voyons le vrai et le juste, faisons-le, et ce commandement doit maîtriser tous les autres. La violence est aujourd'hui la réalité de la justice.

Ne nous lassons pas de discerner et de dénoncer ce qui est clairement au fond des conjonctures et n'ayons pas peur de voir et de parler vrai. N'ayons même pas le regret de vivre à une époque où il est nécessaire que la pensée soit à la terrible hauteur des événements. Les criminels ce sont ceux qui contribuent d'une façon ou d'une autre à perpétuer un état social abject dont le bilan est misère, vol et assassinat.

V

La pensée conservatrice dont l'objectif est si tragiquement simpliste : faire durer, comporte donc, dans ses modalités, ses ressources et ses procédés, une diversité presque infinie, et est servie par une multitude hétéroclite d'auxiliaires.

Il ne peut pas en être de même de la force révolutionnaire, en vertu de ce principe qu'elle a à remplacer la vieille administration faussée du monde, par une administration rationnelle.

La raison est une, et, sur des éléments donnés, son interprétation est immuable, ses désignations sont fatales. Ne l'oubliez pas : il s'agit — et il ne doit s'agir — de rien d'autre que d'une science appliquée, et il ne peut pas y avoir des espèces disparates de lois scientifiques relatives à un même ordre de phénomènes. Il est défendu à l'arbitraire et à la fantaisie de s'introduire dans les ramifications harmoniques de la connaissance expérimentale.

La doctrine révolutionnaire est, en conséquence, celle qui adapte le plus exactement le gouvernement de la société aux exigences de l'intérêt général, sans compromis, sans lacunes, sans fissures, sans réserves autres que celles qui résultent des nécessités naturelles insurmontables. De tous les systèmes, les uns sont erronés, l'autre est vrai. Comprendre, c'est tout d'abord comprendre qu'il n'y a qu'une loi juste qui approfondit chaque partie du système législatif jusqu'à ses extrêmes conséquences logiques et ne laisse rien d'inachevé. L'attirance des harmonies logiques ne rebute jamais le vrai savant et on ne le voit pas tout d'un coup se détourner de la conclusion qui s'écrit d'elle-même.

La vraie doctrine révolutionnaire est celle qui supprime vraiment le privilège, ce pouvoir fantôme, si étrangement appuyé sur lui-même et sur d'autres fantômes, et qui pourtant meurtrit la vie immense dans le temps et l'espace. C'est celle qui remet le pouvoir à sa place normale, c'est-à-dire dans chaque être vivant. L'intérêt général est la somme des intérêts privés des citoyens. Quand nous parlons d'intérêt général, nous ne nous perdons pas dans une combinaison verbale et nébuleuse, nous entrons de toutes parts, intégralement, dans la vie. C'est la notion de la personne, de la source humaine, qui conditionne cette loi du bien public. Chaque intérêt particulier ne doit être dessiné et limité que par l'ensembe des autres, et l'ensemble, c'est tout l'ensemble humain. La liberté est relative, sans doute, — elle ne serait absolue que s'il n'y avait qu'un être sur la terre; il n'est pas de société sans loi ni de loi sans contrainte — elle doit être, en logique et en équité, pareille, égale pour tous. C'est la redistribution selon un dessin parfaitement régulier, des droits de la vie aux vivants, c'est la généralisation scientifique maxima de l'expansion individuelle.

Elle implique clairement la constitution d'un statut personnel, qui met en cause et en lumière chaque citoyen, qui exige de chacun un effort utile, engrené dans l'effort collectif, qui place tous les citoyens dans des conditions identiques de vie collective : mêmes ressources et mêmes obligations devant le travail, mêmes conditions devant l'instruction, même participation dans la conduite des affaires communes, et qui supprime, autour de cette structure équilibrée, toutes les supériorités préétablies de l'homme sur l'homme, toutes les puissances artificiellement imposées et déformées de superstitions : l'autocratie, la propriété parasitaire, et l'absolu national, qui en fausseraient les sens et en écraseraient le fonctionnement.

Cette conception de la vie commune, organisée sur les seules bases de l'effort particulier — du mérite — et qui refait en harmonie et en lumière la justice avec la vie des hommes, qui replace dans le monde temporel le schéma magnifique de la fraternité, et contre laquelle aucune créature de bon sens et de cœur ne peut s'élever, cette conception a été souvent entrevue par fragments, en des aspects fugitifs et fractionnés, par certains sommets, par certaines profondeurs. Elle a été longtemps épelée à tâtons, en désordre. Maintenant, elle est écrite, elle s'exprime explicitement dans le *Communisme International.*

VI

Ce n'est pas un des moins ineptes sophismes des avocats de la barbarie, que de représenter le communisme comme une « spécialité » proposée par certains hommes, convenant à certaines races et à certaines latitudes, une hypothèse hasardée à côté de tant d'autres.

Non, ce n'est pas là un programme social et politique qu'on peut comparer, comme on compare une langue à une langue ou une littérature à une autre, à qulqu'un des spécimens de la collection historique des hypothèses sociales. C'est une construction idéale qui dépasse les précédentes par l'étendue, c'est une conclusion, un terme. L'œuvre communiste n'est pas à côté des autres; elle est au-dessus. Il n'y a, entre tous les systèmes républicains, démocratiques et socialistes, les généreuses et timides conceptions pacifistes et humanitaires, et le communisme, qu'une différence du moins au plus. Ce sont les mêmes prémisses et les mêmes tendances, mais enfin logiques et conséquentes avec elles-mêmes. Elles ne sont plus atrophiées ou embarrassées de germes d'erreurs, ni de formules mal jointes prêtant à tout un jeu d'interprétations. Le Communisme est une application pratique, aux conditions économiques de la vie sociale contemporaine, des vérités éternelles de la raison et de la conscience. Qu'on y réfléchisse avec une franche et forte probité, on verra que toutes les justes revendications libératrices y trouvent leur place naturelle, c'est-à-dire leur vraie vitalité, comme la partie dans le tout. Les révolutionnaires qui se sont, çà et là, dans le déroulement des époques, débattus vainement comme des maudits, étaient, même dans leurs conceptions, embarrassés par les contingences contemporaines. Leur audace et leur « extrémisme » étaient relatifs. L'imitation de leur génie rénovateur ne doit pas se restreindre à s'arrêter aujourd'hui là où leur pensée s'est arrêtée jadis, mais à apporter, dans l'organisation de l'idéal, la même force créatrice qu'eux. L'hypothèse d'Euclide sur l'espace sera remplacée, si elle doit l'être, par celui qui, dans la suite des temps, ressemblera le plus à Euclide. Le socialisme communiste est la claire synthèse, l'aboutissement, la magnifique et vaillante *sincérité* de la révolte, si longtemps confuse et si cruellement lente, de l'esprit contre les choses. Il est au sommet de l'histoire des idées, comme il est aujourd'hui au sommet de l'histoire des hommes. C'est, autant qu'on peut le dire à cette heure du temps, la vérité contre la réalité.

Le Communisme n'est donc pas « l'œuvre personnelle » de Karl Marx. Comme tous les inventeurs intellectuels, dont les œuvres constituent des jalons, depuis Aristote qui a dissipé les hypothèses cosmiques et flottantes des Ioniens et les idoles abstraites des platoniciens, en fixant le tâtonnement de la pensée sur la notion de l'originalité individuelle, jusqu'à Descartes, qui a dégagé l'intuition hors de l'embroussaillement des idées factices, ou Kant qui a remis dans le droit sens toute la spéculation philosophique — Karl Marx n'a rien apporté de nouveau que de la précision. Il a perfectionné l'application de la pensée aux réalités, diagnostiqué le mal social avec les termes justes, en dégageant le rôle caractéristique, prépondérant et quasi exclusif du facteur économique dans l'humanité contemporaine, et admirablement pesé l'importance pour tous, de la mise en commun de certaines ressources. Il a construit ainsi plus solidement, dans une perspective plus nette et plus proche, et avec des matériaux plus palpables qui ont définitivement annihilé d'inconsistantes aspirations antérieures; mais il n'a pas recommencé, il n'a fait que continuer l'œuvre de vérité. La vérité a besoin de quelqu'un pour s'exprimer, mais elle n'est liée à personne. Elle ne porte pas la marque de ceux qui l'ont trouvée, pas plus que le monde inconnu, mais non nouveau, ne porte celle de qui y aborde. Les grands révoltés de l'esprit n'ont pas plus inventé la règle collective que Jésus-Christ n'a inventé la morale, ou Newton la chute des corps : ils l'ont montrée là où elle était. Ils ont la gloire personnelle d'avoir atteint la vérité, qui reste impersonnelle. Mais il a fallu des siècles de mise au point, de découvertes et d'éclairs, pour que les hommes de la pensée arrivent à l'application suprême de la logique, et dégagent la formule humaine de la société.

VII

Il faut que les travailleurs de l'esprit se rallient aujourd'hui à la conclusion ferme qui sort de tant de tâtonnements; qu'ils en comprennent la grandeur, la beauté, et le prix infini pour le genre humain; que, hardiment fidèles à la mission qu'ils ont choisie, ils se solidarisent avec les hommes qui ont raison.

Ceux-ci sont, dans les jours où nous sommes, des vaincus. Ils ne représentent qu'une infime minorité qui vient encore de se rétrécir par la dissidence de ceux qui sont au fond en dissidence avec l'idée. Cette minorité est assiégée par la haine, si savamment malsaine et contagieuse des grands privilégiés, dont ils contestent le droit divin. Elle est persécutée par tous les moyens. Jamais la battue contre les novateurs n'a été à ce point farouche et méticuleuse. Nous vivons — et nous rions — en des jours où pas une heure ne se passe dans le monde qui ne soit marquée par le supplice de quelque apôtre obscur du vrai et du bien. Il faudrait une imagination surnaturelle pour entrevoir la destruction qui s'accomplit sans cesse, partout, de par la sanglante volonté de ceux qui prétendent maintenir l'utopie capitaliste au moyen de la terreur, et la clouer sur l'humanité. Il ne peut en être autrement, puisque notre époque marque la rencontre de deux conceptions qui ne peuvent co-exister ici-bas.

Certes, les communistes sont forts d'avoir raison, de détenir le vrai sens de la chose publique, ce secret d'honnêteté et de simplicité. Ils sont forts de la malfaisance évidente du parasitisme, qui recourt trop manifestement à des truquages, à des fraudes et à des crimes, qui fait trop visiblement œuvre de mort, dont la laideur ne peut plus se masquer, dont le chancellement au-dessus des abîmes ne peut plus se dissimuler. Ils sont forts aussi à cause de la République Russe, par laquelle l'idéal essaye de prendre corps. Ils vaincront, ils changeront la face du monde et, par eux, les hommes seront sauvés. Mais il convient d'abréger les terribles conditions de ce conflit généralisé entre l'idéal rationnel et la situation de fait, en comblant l'écart qui sépare encore, dans le monde, la raison et l'opinion publique.

Que les intellectuels aient l'angoisse de leurs urgentes responsabilités. Il ne s'agit pas de subordonner toute la littérature et tout l'art à la sociologie et à la politique. Nous devons, à la grandeur de notre métier de faire cette réserve catégorique : il n'y a pas ici-bas que des vérités sociales. L'obligation pratique de faire intervenir, là où il le faut, les conceptions exclusivement positives, ne signifie pas qu'il n'y ait pas d'autres problèmes, ni qu'une classification scientifique puisse tout embrasser. Il y a les sentiments, les passions, les émotions, l'abîme du bonheur et de la douleur intimes. Et là, l'homme n'est plus un élément restreint, positif et mesurable, de l'ensemble, mais un monde, un centre universel. La philosophie pure demeure sacrée, et les sottes paroles de Voltaire sur la métaphysique, cette science de l'être, comparable à l'art parce qu'elle cherche la clarté suprême et le définitif appui du vrai, avilissent sa mémoire. Mais tout homme, quelle que soit l'étendue de son métier, a une mission civique, et le métier des intellectuels est tel qu'ils doivent être les premiers à accomplir cette mission. Si aucun homme n'a le droit de se résigner au malheur des autres, ceux qui représentent l'intelligence ont d'autant moins ce droit, qu'ici malheur est la même chose qu'incompréhension, et que la fantastique asymétrie du privilège n'a pu subsister si longtemps sur les générations que grâce à des miracles de confusion et d'inertie.

Ils doivent faire alliance avec la phalange communiste et reconnaître les affinités profondes de ces réalisateurs d'aujourd'hui et des penseurs de toujours. Avec ceux-là, et pas avec d'autres. La voie de la pensée créatrice, il faut la débarrasser des myopes et des fantoches du réformisme : il faut aller droit jusqu'au bout du raisonnement; l'esprit humain n'est pas un malade ou un affaibli qui a besoin de se reposer ou de s'arrêter en route, et on ne s'acquitte pas avec sa conscience par petits acomptes. Il faut rompre avec tous les spécialistes, bien ou mal intentionnés, qui se cramponnent à leur spécialité et retombent en arrière, avec les pacifistes, dont la puérilité s'imagine qu'on peut tout bonnement appliquer la paix sur la guerre comme un emplâtre; avec les anarchistes, ennemis de la contrainte collective, ennemis de l'organisation, qui profitent aujourd'hui de l'organisation socialiste, mais contribuent à faire méconnaître ce qu'elle a de raisonnable et de constructeur, et qui seront un jour les ennemis directs des réformateurs effectifs, ensanglanteront autant qu'ils le pourront et feront peut-être avorter l'œuvre de la révolution.

Il ne faut pas admettre la médication surnaturelle des communistes chrétiens. Ces hommes, qui méritent notre hommage par leur courageuse pureté, se doivent d'adhérer à notre conception révolutionnaire rationnelle, parce que celle-ci constitue une sorte de corps de doctrine minimum expressément contenu dans le leur. Mais la réciproque n'est pas vraie. Ils affirment tout ce que nous affirmons quant à la structure collective idéale, mais nous n'affirmons pas tout ce qu'ils affirment. C'est pourquoi l'adhésion ne peut, non plus, être réciproque, ni la fusion intime. Nous ne saurions, sans perdre tout le secret de notre force' collaborer à l'intrusion dans le mouvement social, de principes directeurs dépendant du commandement de la foi et dont l'expérience nous oblige à dénoncer les méfaits sociaux et, partant, le danger social futur. L'Eglise chrétienne est devenue un long cachot. Comment les vaillants reconstructeurs de la beauté religieuse espèreraient-ils imprimer celle-ci dans les âmes mieux que l'a fait le Christ ?

Les intellectuels doivent dissiper les sophismes qu'on cultive et qu'on enchevêtre autour de ce Communisme, si grossièrement dénaturé à l'intention de la pauvre masse crédule des esprits faibles. Par suite d'une habile propagande, par suite aussi, il faut le reconnaître, de la maladresse de certains défenseurs du socialisme intégral, celui-ci apparaît à la généralité des hommes, soit comme un rêve enfantin et compliqué, qui ne tiendrait pas à l'usage, soit comme une contre-partie fruste et non moins enfantine, de la formule sociale actuelle: un pur et simple système de représailles du pauvre contre le riche, de l'ouvrier contre le bourgeois, et qui utilise, en en retournant la direction, les abus de la tyrannie bourgeoise. Que les hommes qui font profession de juger par eux-mêmes fassent justice de cette déformation et en éliminent, une fois pour toutes, ce qu'elle contient de généralisations illicites, de confusions voulues entre les commandements de la loi une fois établie, et les moyens nécessaires pour l'établir. Qu'ils disent, qu'ils montrent, que la formule communistc consiste beaucoup moins à surcharger le genre humain de règlementations nouvellles, qu'à le débarrasser d'anomalies qu'il faut notre habitude invétérée de l'esclavage, pour accepter encore : si elle apparaît anormale à d'aucuns, c'est précisément parce qu'elle est normale. Le principe du travail obligatoire, du travail considéré comme seule base de la vie générale, est beau et noble. L'humanité se pourrit dans l'oisiveté; l'intelligence s'y stérilise, nous le savons bien. Les comédies qui se font autour de l'argent des autres sont écœurantes. Cette espèce de royauté dorée, née du hasard ou de l'exploitation, que s'arrogent quelques individus, donne un spectacle que toutes les consciences devraient se déshabituer radicalement d'admettre. De même qu'on a le mépris des voleurs et des escrocs, on devrait avoir le mépris de ceux qui — comme s'ils étaient des êtres d'une substance supérieure — vivent du travail des autres. Pour s'enrichir, c'est-à-dire pour jouir de la vie, pour passer ici-bas en dominateur et en heureux, il suffit trop souvent d'une chance, il suffit trop souvent de n'avoir ni scrupules, ni pudeur. Il ne faut plus que cela soit. D'autre part, il est évident que la communauté qui n'est pas une exploitation organisée, ni l'intrusion de l'Etat — l'Etat n'est, actuellement, qu'un roi à plusieurs têtes — mais une coopération réelle, profite à chacun à travers tous. N'est-il pas manifeste qu'autour de nous la répartition et l'utilisation des forces productrices sont conduites sans méthode, sans vues générales, sans souci intelligent et continu des grandes réalisations bienfaisantes, et dépendent du jeu intermittent de l'arbitraire individuel ? Et par quelle aberration admettre que les hommes puissent être, par blocs nationaux, dressés les uns contre les autres ?

Les critiques qu'on articule contre le Communisme reposent toutes sur des mensonges. La suppression de la propriété ? Le Communisme ne supprime pas définitivement toute la propriété individuelle, puisqu'il la réglemente. Lorsque les contre-révolutionnaires s'écrient que les communistes veulent supprimer la propriété privée, ils profèrent une contre-vérité, car on ne peut pas supprimer toute la propriété privée : une pareille élimination appartient au domaine purement verbal et utopique de l'abstraction : bornons-nous à constater que le salaire, quelles que soient les formes qu'il prenne, n'est qu'une consécration du principe et du fait de la propriété. Il faut dire, pour être exact, que le Communisme replace sur ses assises naturelles le droit de propriété et en règle : la formation selon la seule valeur de l'effort personnel, et les limitations, selon les seules exigences de l'intérêt général. La propriété est calquée étroitement sur le travail. De cette grande correction résultent la disparition automatique des grosses et longues fortunes, maladies du droit de propriété, la fin de toute usurpation et de toute exploitation, mais il reste une marge restreinte devant chaque aspiration individuelle. Cette marge — qui représente ce que l'intérêt général peut laisser de satisfactions égoïstes et d'émulation à l'intérêt particulier, sans en souffrir — est difficile à déterminer rigoureusement aujourd'hui. La déterminer à priori c'est aborder le problème par le « mauvais bout ». Elle se déterminera spontanément par la mise en usage d'une organisation intelligente et équitable. Ce n'est pas quelque chose de fixe et de froid comme une ligne. C'est par la base, non par la floraison, que la société doit s'ordonner. Au reste, les mentalités, à présent encore troublées par les scintillements et les sanctions de l'antique lutte pour la vie, à mesure qu'elles se débarrasseront de ce sombre idéal vicié d'absurdité et incompatible avec la vie en société, de « *tout à chacun* », et qu'elles s'imprègneront de la conception coordonnée, purifiée et lumineuse de « *tout à tous* », se modifieront dans ce grand sens. Elles comprendront de moins en moins l'attrait en grande partie artificiel que présente encore pour les hommes de nos générations la faculté de posséder. L'idée de propriété personnelle s'atrophiera d'elle-même au profit de l'idée de propriété harmonieuse. La raison n'est pas seulement un mécanisme arithmétique : ce n'est là qu'une partie de la raison, une autre partie de la raison comprend la vie et entre dans toutes ses palpitations.

L'excès de l'égalitarisme ? Il n'y a pas d'excès du moment qu'on ne poursuit pas cette chimère de transformer toutes les personnalités en choses identiques, mais qu'on prétend seulement assurer à tous un maximum égal de moyens de vivre dans les contingences de la vie commune. On assure par cela même — bien plus, on suscite, en raison de la mise en demeure formelle de la loi — le développement de chacun selon l'effort, l'aptitude et la qualité, dans toutes les limites où la cause publique n'est pas lésée. Tout autant qu'elle élimine les hypertrophies, cette loi automatique de l'intérêt commun élimine les contraintes inutiles et nuisibles qui diminueraient chacun sans profit pour tous. La science de l'organisation des ensembles ne dépasse pas son but. On ne supprime pas pour supprimer. Le capitalisme, c'est : « Trop pour quelques-uns et pas assez pour les autres ». On met au point ce non-sens despotique, en faisant intervenir le principe contraire et non pas l'excès contraire.

L'insuffisance de la réalisation du régime des Soviets ? Nous disons que cette réalisation n'est incomplète que dans la mesure où elle a été paralysée et accablée par la Sainte-Alliance réactionnaire. La loi écrite et les efforts ébauchés le prouvent. Le seul fait qu'un gouvernement intégralement républicain ait duré à notre époque, est miraculeux. Dans les conditions où elle a été poursuivie, l'expérience vaut par ce qu'elle a apporté, et on ne peut pas lui reprocher ce qu'elle n'a pu faire matériellement.

La dictature du Prolétariat ? C'est une mesure provisoire. Elle résulte, non pas d'un article de la loi en vertu duquel les pauvres occuperaient dorénavant la place des riches et réciproquement, mais de la nécessité de la prise du pouvoir par les exploités, seuls capables de faire de leurs mains un état social où il n'y ait ni exploités ni exploiteurs.

L'Art et la Littérature sacrifiés au travail

manuel ? La production intellectuelle et artistique, livrée actuellement au bon plaisir et au hasard, refoulée et décimée étrangement par la sélection arbitraire et grossière qu'introduit le privilège dans l'instruction, prendra toute sa valeur et toute son extension au sein d'une organisation dont la production — quantité et qualité — fait la raison d'être et la vitalité. Il est béatement admis, mais tout à fait faux, de croire que les grandes fortunes particulières sont indispensables pour développer les mouvements artistiques. Les grandes fortunes engendrent surtout la débauche et le mauvais goût. Le débordement d'or sert, avant tout, à entretenir les prostituées et les princes de Monaco; ensuite à dorer les artistes médiocres — officiels ou mondains. La floraison actuelle de l'art pictural français sert, avant tout, à donner au consortium des marchands de tableaux des bénéfices comparables à ceux des propriétaires de mines, de chemins de fer ou de banques. L'amateur éclairé est aussi rare que l'artiste lui-même. Et il est indiscutable qu'une communauté sociale possèdera seule l'amplitude et les moyens suffisants pour donner à l'extension et à la vulgarisation de la vie artistique une organisation sinon parfaite, car le talent et la beauté ne peuvent que partiellement s'organiser, du moins plus saine et moins hasardeuse que jusqu'à présent.

Dans toutes les circonstances où ils ont agi librement, les hommes de Moscou ont agi avec une sagesse impeccable. Ils ne peuvent pas se tromper à cause des dimensions même de leur conception du réalisme. Que les intellectuels, qui sont les détenteurs de la logique immanente, ne se donnent pas le ridicule de ne pas considérer à leur juste mesure ces hommes, qui peuvent proférer cette profession de foi formidable : « Pour la première fois depuis que le monde est monde, nous avons établi une réforme sociale fouillant jusqu'aux causes, jusqu'à toutes les causes ». On les maudit parce qu'ils imposent, dit-on, leur ordre raisonnable, alors que si c'était vrai, on devrait les bénir pour cela seul. La véritable définition du « dictateur » Lénine, c'est qu'il est surtout l'esclave d'une idée et cette idée est juste et, par conséquent, devrait régner dans l'esprit de chacun. Ceux qui se plient à une règle réfléchie et calculée s'obéissent à eux-mêmes. La grande parole de Sénèque s'étend sur eux : *Deo non pareo sed assentior* — Je n'obéis pas à Dieu, je pense ce qu'il pense. Se rebeller contre la dictature de la raison, c'est être fou, et c'est être fou aussi que de ne pas la discerner quand elle se montre. Il n'y a pas, en vérité, de tyrannie du bon sens. Et pas plus en fait qu'en principe : lorsqu'on s'est décidé à modeler la loi sur les hommes et non les hommes sur la loi, l'usage améliore l'institution au lieu de la momifier. Il se produit un dosage, et une adaptation à la vie mouvante, colorée, frémissante. Il s'établit un juste niveau, comme celui de l'océan lorsqu'il est libre tout entier. Lénine est l'homme le plus respectable de notre âge; la constitution de la République Fédérative des Soviets de Russie, qui a éclos prématurément dans l'histoire, par suite de circonstances exceptionnelles, est, plus que le Christianisme, plus que la Révolution Française, l'événement capital, et le meilleur, de l'histoire du monde. Par elle, l'humanité commence une seconde phase.

VIII

Les intellectuels, les écrivains, ont commis assez de fautes, accepté assez de capitulations, il y a assez de taches sur leur œuvre multiforme. Il y a assez de pactes et de liaisons avantageuses entre la production littéraire et les honneurs et l'argent. Il y a assez d'Instituts et de Sociétés domestiquées par le pouvoir et par la réaction, assez de confréries qui pèsent sur la pensée au nom de la sanglante plaisanterie de l'ordre consacré.

Il y a eu assez de servitude ou d'ignorance. Assez d'écrivains ont prêché la haine contre la haine et l'éternité de la revanche, exalté la sauvagerie et la gloire des coups et usé la vie irremplaçable, sur ces animalités. Assez de romanciers ont joué à tort et à travers avec les idées immenses, selon les fantaisies bornées ou paradoxales qui leur passaient par la tête.

Assez de poètes se sont permis d'écrire des sacrilèges, parce que cela se traduisait par des mots étonnants. Ils se sont assez consacrés à l'apologie d'un geste ou d'un instinct sans daigner savoir tout ce qu'ils signifiaient. Ils ont fourni assez de flatteurs aux brutalités, maquillées de noms brillants, de couronnes ou de nimbes. Ils ont suffisamment érigé en dogmes des enfantillages, dansé sur le feu et sur l'eau, confondu sottement les idées les unes avec les autres, essayé de faire resservir les vieux panaches mélodramatiques et décrépits qui ne s'ajustent pas aux soldats modernes, et jugé à la façon d'un sport ou d'un roman d'aventures l'insondable horreur du carnage qui a fouillé notre époque, se reforme à l'horizon et va recommencer. Il y a assez longtemps que beaucoup d'entre eux ont aggravé ainsi, autant qu'il était en leur pouvoir, l'hallucination sociale et le culte de l'usurpation. Dans les journaux à fort tirage, vastes et opulentes entreprises d'étouffement du salut humain, assez de pîtres sont royalement payés pour venir quotidiennement rapetisser, déformer, grignoter les grandes idées, et monnayer en soi-disant axiomes de bon sens, la myopie et l'imbécillité.

Trop rares et trop perdus ont été ceux qui ont compris pleinement que le talent et le génie ne sont que des formes supérieures non seulement de la sincérité mais plus encore, de la véracité, et que la pensée doit être audacieuse et implacable. Pour un Romain Rolland, incarnation splendide de la conscience et de la clairvoyance irritées, que de lâches, de sots, de snobs et de « vieilles perruques », même chez les jeunes écrivains ! En réalité, les dons d'expression n'ont surtout servi au troupeau intellectuel que pour dissimuler la vérité et contribuer à l'emprise du mensonge social. Vous vous croyez intelligents par définition, parce que vous êtes des intellectuels, mais sachez bien que l'homme simple et droit qui sans être enrichi de votre savoir discerne l'absurdité fondamentale de l'ordre consacré, a plus d'intelligence que vous et vous dépasse par la pensée. Vous vous croyez libres parce que vous dites : « Pas d'étiquettes ». Vous abusez de cette formule dont il ne faut user qu'avec précaution. Son rôle est actuellement d'absoudre la paralysie morale et d'assurer la liberté de ceux dont l'unique objectif est de ne pas être dérangés. Vous vous croyez sages en réprouvant « l'extrémisme de gauche comme celui de droite »; vous assimilez ainsi deux choses incomparables à tous égards et vous vous faites lourdement les complices d'un des sophismes les plus révoltants qui aient sévi dans les cervelles. Vous croyez votre apathie digne d'éloges parce que vous vous proclamez « tolérants ». Mais que resterait-il de votre tolérance si on en retirait tout ce qu'elle contient d'ignorance et de mépris des malheureux ? Vous vous croyez les maîtres parce que l'idée sort de votre race. Mais elle est maintenant plus forte que vous, et, désormais, on ne peut pas plus changer les temps futurs que les temps passés. Il y a derrière vous un fleuve vivant, qui s'arrache aux souterrains, qui grossit, ce qui quelque jour, vous prendra aux épaules. La débordante santé de l'espérance populaire entraînera-t-elle pêle-mêle une masse intellectuelle sénite et anachronique, avare d'elle-même, confite en méditations stériles, et, par une farouche ironie, poussera-t-elle au seuil du radieux désert de l'avenir, des porte-lumières éblouis et clignotants ?

Consciences, intelligences, révoltez-vous enfin ! Mais surtout ne croyez pas qu'il suffise de vous révolter en vous-mêmes. Ne croyez pas qu'il suffise désormais de bonnes intentions : le vieil adage est vrai, l'enfer terrestre est pavé de cela. Abandonnez dorénavant les fantaisies individuelles. Votre idée, quelle qu'elle soit, est fausse, si elle se tient à l'écart de la vie. L'altruisme n'est pas un miroir placé devant vous. Votre personnalité n'est qu'un anneau et vous devez vous enchaîner aux hommes.

Mes camarades du monde, tous les adhérents de « *Clarté* » ne sont pas, en tant que clartistes, affiliés à un parti. Ils n'ont pas d'attaches officielles avec le Communisme. Ils n'obéissent à aucun mot d'ordre. Mais, en se débarrassant de toute idée préconçue, en nettoyant leur sincérité, en s'adonnant « jusqu'au bout » à la droiture de la raison, ils constatent qu'en théorie et en fait, le Communisme International est l'incarnation vivante d'un rêve social bien fait, et que par lui l'évidence se doublera de la force. Ils servent ce rêve — et cet enfantement — en se consacrant à la pure et simple propagation du vrai.

Il faut vouloir la révolution puisque c'est un bien, et que d'ailleurs le régime social actuel n'est plus viable. Elle se préparera par la diffusion des idées justes, par la vulgarisation des faits réels, par l'explication, par la vérité. Elle naîtra dans les choses comme sa nécessité est déjà née dans les pensées claires. Elle s'imposera pour toujours, non pas quand nous le voudrons, mais quand nous l'aurons voulu. Mais, latente ou réalisée, elle n'a été et ne sera jamais que le cri et que la puissance de la pensée.

LA COOTYPOGRAPHIE
Société Ouvrière d'Imprimerie
11, rue de Metz, Courbevoie

48407

www.ingramcontent.com/pod-product-compliance
Ingram Content Group UK Ltd.
Pitfield, Milton Keynes, MK11 3LW, UK
UKHW020314220726
13923UKWH00003B/1145